STARS, MYTHEN & LEGENDEN

FRANK SINATRA

STARS, MYTHEN & LEGENDEN

FRANK SINATRA

Jessica Hodge

Übertragen ins Deutsche von Götz Lemberg und Rolf Steinberg

Printed in E. E. C.

ISBN 3-850-49-407-1

JESSICA HODGE kam in der Grafschaft Essex zur Welt und wuchs in London auf. Ihr Vater gehörte zu den Gründern der Zeitschrift *History Today*. Ihre Mutter, Jane Aiken Hodge, verfaßte historische Romane. Jessica studierte Geschichte in Oxford und arbeitet seither als Verlagslektorin. Sie ist in verschiedenen Publikationen, so in dem populären Lexikon *The New Illustrated Everyman's Encyclopedia*, mit eigenen Beiträgen vertreten. Außerdem schrieb sie eine Einführung in das graphische Werk von M.C. Escher und eine Kurzbiographie über den Filmstar Katherine Hepburn.

Seite 1: Sinatra als der nette Junge von nebenan in *Higher and Higher*, sein dritter Film und seine erste größere Rolle, beides 1943.

Seite 2: Franki swingt wieder. Sein Comeback nach dem „Ruhestand" von 1971 wurde begeistert aufgenommen.

Rechts: Ein PR-Foto von MGM aus *Urlaub in Hollywood* („Anchors Aweigh", 1945), der erste Film, in dem sich die Gesangs- und Tanztalente von Sinatra und Gene Kelly verbanden.

Rechts außen: Sinatra als Seemann in *Anchors Aweigh*.

Inhalt

1. Kapitel

Auf dem Weg zum Star 1915–1942

Francis Albert Sinatra kam am 12. Dezember 1915 als Kind einer italienischen Familie in der Hafenstadt Hoboken, New Jersey, zur Welt. Früher war Hoboken Ausflugsort für reiche New Yorker, doch um die Jahrhundertwende wurde es von Einwanderern überschwemmt, die in den USA Freiheit und Wohlstand zu finden hofften.

Francis' Mutter, Natalie Garavanti, stammte aus Genua; sein Vater, Antony Martin Sinatra, aus Cantania an der Ostküste Siziliens. Natalie trug seit ihrer Kindheit den Spitznamen Dolly (Püppchen), weil sie ein so bezauberndes Kind war. Das hinderte sie jedoch nicht daran, eine sehr eigenwillige und selbstbewußte Frau zu werden: Eigenschaften, die sie gut gebrauchen konnte, als sie ihren zukünftigen Mann Marty kennenlernte. Er war ein Boxer, der nicht lesen konnte und keinen festen Beruf ausübte.

Rechts: Sinatra als kleiner Junge mit seiner Mutter. Ihre Verbindung blieb zeitlebens eng, obwohl Dolly kein Verständnis für die vielen emotionalen Verstrickungen ihres Sohnes hatte. Als sie 1977 bei einem Flugzeugunglück ums Leben kam, war Frank tief erschüttert.

Zu einer bestimmten Zeit stellte Sinatras PR-Manager dessen Jugend und Herkunft gern als hart, arm und entbehrungsreich dar, von der sich Sinatra nur durch übermenschliche Anstrengungen und ein außergewöhnliches Talent befreien konnte. Daß dem nicht so war, muß kaum erwähnt werden. Es gab zwar eine schwierige Phase, als Marty 1926 das Boxen aufgab. Er hatte beide Hände gebrochen und anschließend auch noch wegen seines Asthmas seinen Job als Kesselmacher verloren. Doch schon 1927 kam er dank Dollys guter Verbindungen zur Feuerwehr von Hoboken, wo er bis zum Hauptmann aufstieg. Daß Frank ohne Geschwister aufwachsen mußte, war an sich schon außergewöhnlich, da es in dieser Gegend nur Großfamilien gab. Sinatra erinnerte sich: „In meiner Gegend hatte jede Familie zwölf Kinder und die zankten sich ständig. Aber immer wenn es einen Braten oder eine Party gab, waren sie ein Herz und eine Seele."

Ob Sinatra wegen Rüpelhaftigkeit von der Schule flog, wie er später behauptet hat, oder ob er sie aus Langeweile einfach verließ, läßt sich heute nicht mehr feststellen.

Dollys Sohn entwickelte ganz andere Ambitionen. Frank wollte etwas mit seiner Stimme anfangen. Er sang die Radiosongs nach, sang mit Freunden und im Kreis der Familie und mit verschiedenen Schulbands, selbst dann noch, als er nicht mehr zur Schule ging. Trotz ihrer Abneigung unterstützte seine Mutter Franks Suche nach einer passenden Band.

Als seine Eltern ihm ein Auto schenkten, gewann er einen weiteren Vorteil. Er bot sich an, Bands zu chauffieren. Eine hieß „The Three Flashes" und setzte sich aus italienischen LKW-Fahrern zusammen, die regelmäßig in einem Rasthaus auftraten.

Dann kam seine Chance, als eines abends ein Radiosprecher die Amateurband zu seiner Talentshow einlud. Sinatra wollte um jeden Preis dabei sein. Wie es heißt, wehrten sich die drei Musiker dagegen, den jungen Sinatra zu befördern. Erst als seine Mutter ihre Beziehungen spielen ließ, durfte er mitmachen. Als die Band schließlich nach einer Probe auf der Bühne des Capitol Theater in New York City erschien, wurde sie von dem Gastgeber Major Bowes am 8. September 1935 als die „Hoboken Four" vorgestellt. Das Echo auf den Auftritt war so ermutigend, daß Bowes sie für eine seiner Tourneen unter Vertrag nahm. Zwei Monate vor seinem zwanzigsten Geburtstag war Frank Sinatra nun für 50 Dollar pro Woche plus Essen als fahrender Sänger unterwegs.

Nachdem die anfängliche Aufregung und der Reiz des Neuen abgeklungen waren, zeigten sich die harten Seiten dieses Lebens. Außerdem sorgte Sinatras steigendes Vertrauen in sein Talent und seine unverblümte Arroganz, die ihm sein ganzes Leben lang Probleme brachte, für Verstimmungen mit seinen Kollegen. Aus einem ihnen unerklärlichen Grund übte ihr zarter Schlagersänger einen unwiderstehlichen Reiz auf junge Damen aus. Sie belagerten ihn schon während der Shows

Links: Ein undatiertes Foto von Frank. Er trägt einen der vornehmen Anzüge, die seine Mutter so liebte.

und forderten Autogramme. Von Zeit zu Zeit kochte der daraus resultierende Neid in der Band über und sie verprügelten ihn.

1938 fand Sinatra schließlich einen festen Job als singender Kellner in einer kleinen Raststätte in New Jersey. Er bekam magere 15 Dollar pro Woche, doch hatte das Rustic Cabin einen unverzichtbaren Vorteil. Es besaß eine direkte Verbindung zum Sender WNEW in New York, über die Sinatra und die Band einmal die Woche in der *Saturday Dance Parade* zu hören waren. Zu dieser Zeit lernte Sinatra auch seinen zukünftigen Manager, Hank Sanicola, kennen, einen harten Italiener aus der Bronx.

Auf der Bühne des Rustic Cabin entwickelte Sinatra auch seinen unverwechselbaren Stil: beiläufig, vertraulich ja beinahe intim plauderte er mit seinem Publikum zwischen den Songs. Er besaß zwar nicht den leichtfüßigen Witz, um sich auf diesem Gebiet mit Dean Martin oder Sammy Davis Jr. messen zu können. Stattdessen brachte er das Publikum auf seine ganz eigene Art dazu, ihm zu Füßen zu liegen. Gleichzeitig gewann er die erste von vielen Hilfstruppen, die seine Karriere förderten, bisweilen aber auch erschwerten. Hank Sanicola, der Sinatra zu dieser Zeit am Klavier begleitete, gehörte dazu, außerdem Nick Sevano, ein Freund aus seinen Tagen in Hoboken.

Zur selben Zeit ließ Dolly Sinatra auch ihre Einwände gegen Franks langjährige Freundin Nancy Barbato fallen. Bei ihr fand er eine emotionale Geborgenheit, die er vorher nicht erfahren hatte.

Dolly fand es nun vorteilhafter, ihren Sohn im sicheren Hafen der Ehe zu wissen. Frank war nicht

Rechts: Major Bowes (am Mikrophon) stellt die „Hoboken Four" vor. Frank hatte erst kurz vor der Einladung zu dieser wichtigen Talentshow vorgesungen. Innerhalb einer Woche avancierte er zum Mitglied der Gruppe.

gleichermaßen von dieser Idee überzeugt; er sagte Nancy, daß er keine Frau zwischen sich und seiner Karriere haben wolle.

Sinatras Überzeugung, daß das Radio der Schlüssel zum Erfolg war, bestätigte sich im Sommer 1939. Harry James, früher Trompeter bei Benny Goodmann, hatte seit einigen Monaten eine eigene Band und suchte nun nach einem Sänger. Er hatte Frank bei einer Radioübertragung aus dem Rustic Cabin gehört und wollte einmal selber herausfinden, was der junge Sänger zu bieten hatte: „Er fing nur an zu singen und bei mir stellten sich die Nackenhaare hoch. Da wußte ich, der hatte eine große Zukunft vor sich.“ James bot ihm einen Zweijahresvertrag mit 75 Dollar in der Woche für ein festes Engagement in seinem Orchester an. In den Sommermonaten 1939 traten sie im Roseland Ballroom und am Broadway auf. Die Presse lobte seine „lockere Art zu singen“.

Weihnachten bot sich Sinatra eine hervorragende Gelegenheit, seine Karriere voranzutreiben. Die Tommy Dorsey Band suchte nach einem neuen Sänger. Dieses Orchester war der Traum eines jeden Vokalisten, denn ihr Repertoire umfaßte vorwiegend Gesangstitel.

Dorsey war ein strenger Bandleader und verlangte einen unbegrenzten Pflichteifer von seiner Band. Sie mußte etwas leisten, dafür war Dorseys Mannschaft aber auch gut im Geschäft. Es konnte passieren, daß das Orchester bis zu neun Shows, jede 45 Minuten lang, an einem Tag bestreiten mußte.

Dorsey brachte Sinatra auch die grundlegenden Regeln der Selbstdarstellung und des Entertainments bei, die dann zu Franks Markenzeichen wurden. Er plante den Aufbau seiner Shows bis ins Detail, bei der sich Musiker und Sänger gegenseitig steigerten. Sinatra lernte von Dorsey eine expressive Phrasierung, mit der er sowohl die musikalische Struktur als auch die Texte und Stimmung eines Songs ausdrücken konnte, ohne den Fluß eines Stückes durch auffälliges Atmen zu unterbrechen. Sinatra war von Dorseys Fähigkeit beeindruckt, seine Posaune in langen poetischen Bögen tönen zu lassen. Niemand bemerkte, wie er dabei Atem holte. „Er stand da, spielte seine Posaune und ich konnte noch nicht mal sehen, ob sich sein Jackett hob – nichts zu sehen.“ Die vielleicht wichtigste handwerkliche Entwicklung in Sinatras Karriere war genau diese Atemtechnik. Sie ermöglichte es ihm, den Ton zu halten und dabei durch die Mundwinkel ein bißchen Luft zu holen.

Sinatras Durchbruch kam, als Bob Weitman, der Manager des New York Paramount, ihn Ende 1942 als Zusatzattraktion für einige Konzerte von Benny Goodman verpflichtete. Am 30. Dezember betrat Sinatra wie gelähmt vor Lampenfieber die Bühne. Er hatte miterlebt, wie Benny Goodman die Zuhörer länger als eine Stunde in seinen Bann schlug. Er betrat den Saal als ungehobelter, unerfahrener Nachwuchssänger und verließ ihn als Star.

Oben: Bing Crosby, Sinatras Idol, legt seinen Arm väterlich um Frank. Doch zur Zeit dieser Aufnahmen, 1943, befanden sich die beiden in einem harten Wettbewerb um die Gunst der Fans, den dieses gestellte Foto kaum vermuten läßt. Mit der Zeit wurden sie zu Freunden und spielten in *Die oberen Zehntausend*, einem von Franks besseren Filmen, zusammen.

Links: Der Traum aller Teenager 1945, wie üblich mit Fliege

Rechts: Sinatra und Gene Kelly in *Take Me Out To the Ballgame* (1949)

Unten: Heute gehn' wir bummeln (1949); der Film ist an Originalschauplätzen in New York gedreht. Es ist die Geschichte von drei Seemännern, die sich auf einem 24-stündigen Landurlaub mächtig vergnügen. Die Kritiker liebten den Film.

Andere Seite: In *Reveille with Beverly* (1942) spielt sich Frank selber. Er singt Cole Porters Evergreen „Night and Day".

2. Kapitel

Schwindelerregende Jahre 1943–1946

Ein Echo wie auf Sinatras Auftritt im Paramount hatte New York bislang nicht erlebt. Benny Goodman, der sich nicht um neue Sänger oder Trends kümmerte und folgerichtig noch nie von Sinatra gehört hatte, war platt. Die Presse allerdings verstand schnell, was sich da Neues tat. Die Illustrierte *Life* verkündete „den Anbruch einer neuen Epoche“, andere Kommentare kritisierten die Massenhysterie der Teenager. Ein ausgefuchster PR-Spezialist war nun vonnöten, um die plötzliche Publizität auszuschlachten. Mit dem Glück des Fleißigen, das Sinatra so oft in seiner Karriere zu begünstigen schien, traf er genau zu diesem Zeitpunkt den richtigen Mann. George Evans, der für Glenn Miller, Dean Martin, Duke Ellington, Lena Horn und Jerry Lewis arbeitete, hatte Sinatra auf Empfehlung von Manie Sachs im Paramount gesehen. Er bestärkte und verfeinerte Sinatras natürlichen Umgang mit

Rechts: Sinatra hat gerade ein Liebeslied beendet – die verzückten Fans, fast ausschließlich Mädchen und Frauen, brechen in Beifall aus. Amerika hatte solche Reaktionen bis dahin noch nicht erlebt.

dem Mikrophon; er lehrte ihn, es zu liebkosen und so zu halten, als ob ihn jeden Moment seine Gefühle überwältigten. Später gab er zu, zwölf Teenager dafür bezahlt zu haben, daß sie bei Franks Auftritten außer sich gerieten und euphorische Ohnmachtsanfälle simulierten. Auf diese Weise bestätigte sich eine andere Sinatra-Legende: die der Medien-Manipulation. Die Reaktion der weiblichen Fans auf Sinatra war für die damalige Zeit vollkommen ungewöhnlich. Einige Beobachter hatten dementsprechend Schwierigkeiten, sie für echt zu halten.

Nach der Sensation im Paramount trudelten Angebote und Geld ein. Sinatra erhielt ein Engagement bei der wöchentlichen Radio Pop Show „Your Hitparade" für 2.800 Dollar, bekam 4.500 Dollar für erneute Auftritte im Paramount und jeweils 1.000 Dollar für Gastrollen in Radiosendungen. Außerdem unterschrieb er einen Vertrag mit RKO, die ihm für den ersten Film 25.000 Dollar zusicherte, für den zweiten 50.000 und den dritten 100.000. Der nächste Schritt wäre eigentlich eine landesweite Tournee gewesen, doch hatte Frank keine Lust dazu. Stattdessen kümmerte er sich um die Club-Szene. Die Mädchen beteten ihn an, jetzt wollte er die Schickeria erobern.

Als Frank im Mai ins Paramount zurückkehrte, erwarteten ihn schon die Presseleute. Sie wollten sehen und berichten, wie er von seinen Fans empfangen wurde. „Die Hysterie bei seinen Auftritten ist in keiner Weise eine Reaktion auf sein künstlerisches Vermögen", mäkelte die *Herald Tribune*. „Hysterie bis zur Ohnmacht ist der Gesundheit auf jeden Fall abträglich", warnte ein Psychiater. Die Vermißtenstelle der New Yorker Polizei machte Frank für minderjährige Ausreißerinnen verantwortlich. Die New Yorker Schulbehörde warf ihm vor, er verleite seine Verehrerinnen zum Schwänzen. Sinatra war so selbstgefällig, daß er jede Kritik an seiner Person zurückwies.

Die nächste Stufe zum Erfolg bestand in einer Serie von Sommerkonzerten mit den vier führenden Tanzorchestern der USA.

Oben: Sinatra bei einer Probe zu der wöchentlichen Sendung *Your Hit Parade*. Er probiert gerade einen neuen Schritt aus. Seine schmächtige Erscheinung inspirierte die ungehemmte Hingabe der Teenager.

Als Sinatra sich für das letzte Konzert auf den Weg nach Hollywood machte, war ihm sein Ruf schon vorausgeeilt – 5.000 kreischende Teenager erwarteten ihn am Bahnhof. Jahre später äußerte Sinatra einmal, daß sein Gesangsstil, den er zuerst von Bing Crosby übernommen hatte, sich mit der Zeit mehr in Richtung der italienischen Gesangsschule des *bel canto* entwickelte. Ein Vorbild aus der klassischen Musik war der Geiger Jascha Heifetz mit seiner weichen, ausdauernden und gleitenden Spielweise.

Als Frank Jr. am 10. Januar 1944 geboren wurde, war Frank Sen. mal wieder woanders. Er filmte *Step Lively* in Hollywood, wo er außerdem in einer wöchentlichen Radiosendung als Stargast auftrat.

Im November 1944 kehrte er ins Paramount Theater in New York zurück, um dort drei Wochen lang fünf Shows am Tag zu geben. Am 12. Oktober blockierten 30.000 Teenager auf ihrem Weg zum Paramount den Times Square. Der Verkehr im Herzen Manhattans brach zusammen.

Sinatras Anziehungskraft lag zum Teil in seiner zerbrechlichen und verletzlichen Erscheinung. Als er fünf Jahre später dieselben Tumulte in London entfesselte, schrieb die dortige *Times:* „Entgegen dem öffentlichen Ideal, daß ein Mann rauh, heißblütig und unahbängig sein soll, vermittelt Sinatra ein ganz anderes Bild. Er deutet an, daß Männer unter dem Mantel lautstarker Selbstbehauptung immer noch Kinder sind, die ängstlich und wimmernd im Dunkeln hocken.“ In scharfem Kontrast zu dem leichtfüßigen, immer etwas selbstironischen Stil der 20er und 30er Jahre legte Sinatra Gefühl und Leidenschaft in seinen Gesang. Damit bot er der Kriegsgeneration die Möglichkeit einer positiven Identifikation und einen Spiegel ihrer eigenen Sehnsüchte. Jetzt kam die Technik, die er bei Tommy Dorsey gelernt hatte, zu ihrer vollen Anwendung: lange dahinschmelzende Phrasierungen ohne merkbare Unterbrechungen durch Luftholen, die volle Betonung jedes Wortes und jedes Melodiebogens, bis sie ihren vollen Charm entfaltet hatten. Ein Kritiker notierte: „In der Kehle dieses Mannes werden banale Worte zu ausdrucksstarken, schönen Texten.“ Kein Wunder also, daß Fans seine Zigarettenstummel stahlen und seine Fußabdrücke im Schnee sammelten, um sie im Kühlschrank zu konservieren.

Sinatras Aufstieg fiel in die Zeit, als die Amerikaner gegen Japan und Deutschland kämpften; und es war auch der Krieg, der ihn zum ersten Mal zum öffentlichen Mittelpunkt eines Skandals machte. Jeder taugliche Mann, der zu dieser Zeit keine

Unten: Als Sinatra seinen ersten Film *Higher and Higher* im Sommer 1943 für RKO in Hollywood machte versuchte er, einen Auflauf zu vermeiden, indem er in Pasadena und nicht in Los Angeles den Zug verließ – die Trittleiter läßt vermuten, das die autogrammheischenden Fans nicht ganz zufällig auftauchten.

Uniform trug, wurde schief angesehen. Sinatras anhaltender Erfolg und zunehmender Ruhm bei den Teenagern erregten ohnehin Neid. Nun war er auch noch in einem New Yorker Club mit einigen Marineinfanteristen aneinandergeraten. „Hey, Spaghettifresser, warum trägst du keine Uniform?" hatten ihn die Soldaten provoziert. Auch in der Presse tauchten spitze Bemerkungen auf. Bei seiner ersten Musterung war er als tauglich eingestuft worden, bei seiner zweiten Musterung im Dezember 1943 erklärten ihn die Ärzte wegen eines Lochs im

Oben: Michele Morgan und Sinatra in einem Standfoto aus dem Film *Higher and Higher*.

Rechts: Nancy Sinatra, belagert von Fotografen, hält einen Tag nach der Geburt Frank Jr. im Arm. In der Hand hat sie ein Foto von Frank Sen. Frank Jr. folgte seinem Vater und seiner älteren Schwester Nancy in die Welt des Entertainments, doch ohne durchschlagenden Erfolg.

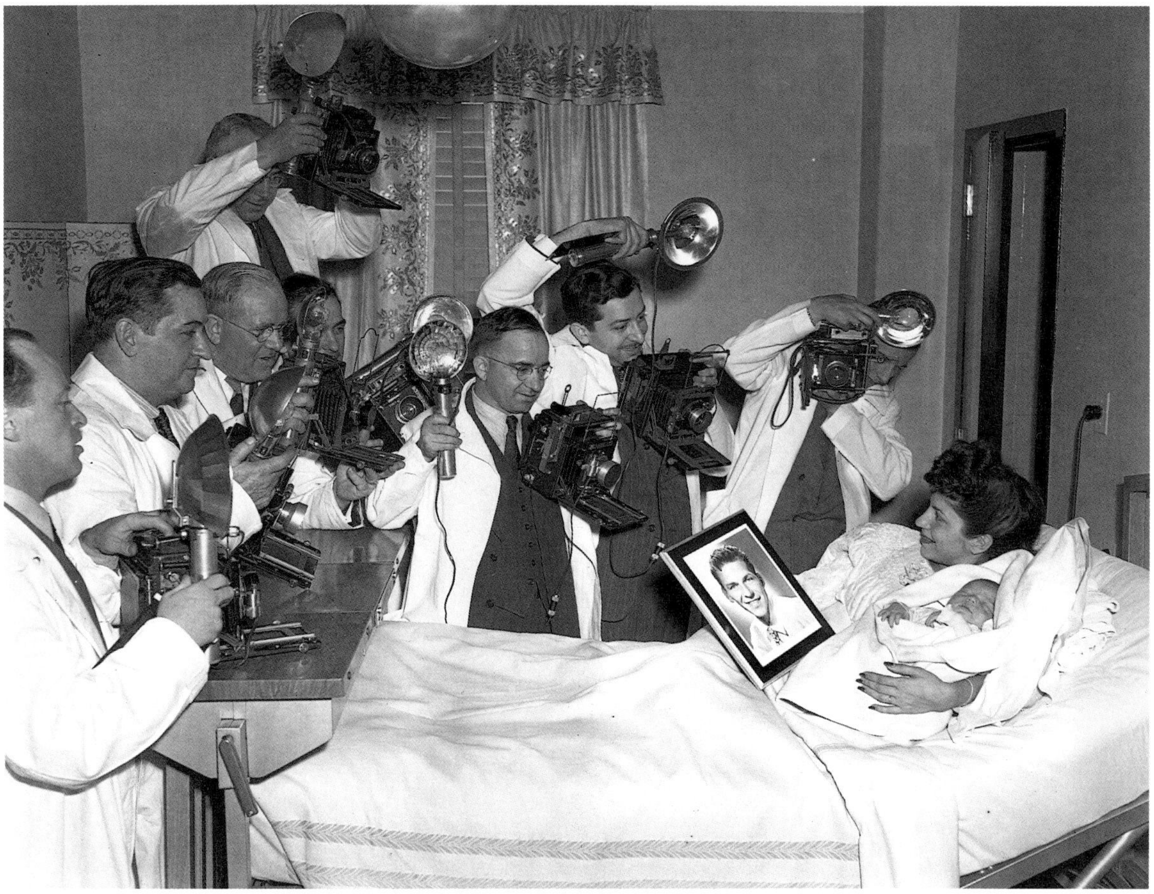

Ohr auf einmal für untauglich. Im Februar 1945 kam überraschend die Einberufung. Doch er wurde sogleich wieder entlassen mit der Begründung, sein künstlerisches Wirken sei „wichtig für das nationale Wohl".

Dieses Hin und Her, vor allem jedoch die Hysterie seiner Fans, löste unausweichlich bissige Pressestim-

Rechts: In einer sorgfältig arrangierten Aufnahme, telefoniert der stolze Vater, der gerade in Hollywood *Step Lively* filmt, kurz nach der Geburt mit seiner Frau. Liebevoll betrachtet er dabei das Foto seines Sprößlings.

men aus. Sinatra und Evans organisierten eine Tournee zu den amerikanischen Truppen in Nordafrika und Europa. Sie kam bei den GIs gut an. Bei seiner Rückkehr äußerte sich Sinatra öffentlich sehr kritisch über den Standard der meisten Unterhaltungsshows für die Soldaten. Damit handelte er sich wiederum eine schlechte Presse ein. Lee Mortimer, Kolumnist des *New York Daily Mirror* und Intimfeind Sinatras, giftete in dem Massenblatt: „Sinatra wartete, bis die Kampfhandlungen im Mittelmeer beendet waren. Dann machte er sich auf seine siebenwöchige Vergnügungsreise."

Nach einem kurzen Aufenthalt bei seiner Familie ging Frank im März 1945 erneut nach Hollywood, um dort zusammen mit Gene Kelly das Musical *Urlaub in Hollywood* zu drehen. Die Musik stammte von George Stoll und Calvin Jackson. Bis zum heutigen Tage gilt es als Sinatras schauspielerisch bester Film; vielleicht lag es daran, daß er vorher zu MGM übergewechselt war. Die Kritikerin Louella Parsons schwärmte, mit diesem Film sei Sinatra „in die Starklasse Hollywoods" aufgestiegen.

Der Film ähnelt in der Geschichte wie auch in seinen ausgefeilten Tanzeinlagen dem späteren *Heut' gehn wir bummeln*. Sinatra singt die herzzerreißende Ballade: „I Fall in Love Too Easily". „Alle Welt weiß, Sinatra kann singen; jetzt weiß sie auch, daß er schauspielern kann", meldete der *Motion Picture Herald*.

Doch bald langweilte sich Sinatra bei der schleppenden Arbeit im Filmstudio. Sein Frust entlud sich schließlich in den Worten: „Filme stinken. Die meisten Leute in ihnen auch. Mir stinkt die Schauspielerei." Die MGM-Oberen waren entsetzt über Sinatras unbedachte Äußerungen. Mit einer Presseerklärung versuchten sie, die allgemeine Empörung zu beschwichtigen.

Unten: Step Lively (1944) war ein gut gemachtes musikalisches Remake des Marx Brothers' Klassikers *Room Service*.

Rechts: Frank zusammen mit Judy Garland und einem witzigen Pandabär-Schlips

Gegenüber: Sinatra mit Gene Kelly in *Urlaub in Hollywood.*

Unten: Frank verläßt die Kaserne nach seiner zweiten Musterung 1943: Die Army will ihn nicht.

Franks nächster Film *The House I Live In* unterschied sich in jeder Hinsicht von den vorhergehenden Produktionen. Regie führte diesmal Mervyn LeRoy, der schon 1930 *Little Ceasar* gedreht hatte; den ersten einer Reihe von Gangsterfilmen, die eindeutig auf Al Capone gemünzt waren. *The House I Live In* war ein zehnminütiger Propagandafilm gegen religiöse Intoleranz und Rassendiskriminierung. Das Drehbuch hatte Albert Maltz geschrieben. Sinatras alter Freund Axel Stordahl übernahm die musikalische Leitung. Als Amerikaner italienischer Herkunft wußte Sinatra aus eigener Erfahrung, was Diskriminierung bedeutete.

The House I Live In beginnt mit einer Szene, bei der Sinatra das Studio verläßt, um während einer Pause frische Luft zu schnappen. Draußen wird er Zeuge, wie eine Clique von Jungen einen anderen zusammenschlägt, „weil wir seine Religion nicht mögen". Sinatra überzeugt sie, daß sie sich so nicht benehmen dürfen.

Auch wenn der Film auf heutige Zuschauer nur noch rührselig wirkt, stellte er zu seiner Zeit eine Herausforderung für das Publikum dar. Die amerikanische Gesellschaft fing erst Mitte der vierziger Jahre an, sich mit dem Rassismus im eigenen Land auseinanderzusetzen. Sinatra spielte dabei als Star eine maßgebliche Rolle. Das Magazin *Cue* lobte ihn: „Das Idol der Teenager mit seinen Segelohren, der Fliege und dem dünnen Nacken hat sich in den letzten Jahren in einer erstaunlichen Metamorphose von einem selbstverliebten Schmusesänger zu einem der größten und lautstärksten Kämpfer für eine demokratische Gesellschaft entwickelt." Das *Time*-Magazin nannte den Film „wertvoll, ehrlich ... und gutgemeint", die Akademie der Filmindustrie verlieh dem Film sogar einen speziellen Oscar. Die konservative Presse und das Hollywood-Establishment waren weniger begeistert.

Sinatras nächster Film *Bis die Wolken wieder ziehen* (1946) drehte sich um den Komponisten Jerome Kern. Frank sang als Gast „Ole Man River", die Kritiken waren zwiespältig. *Cue* würdigte den Film als „großartige Unterhaltung". *Life* hingegen rügte, daß Sinatra in seinem weißen Smoking auf einem weißen Podest den schlechtesten Filmauftritt des Jahres geliefert hätte. Zum Set des Musikfilms gehörte auch Judy Garland, eine gute Freundin, die mit Sinatra auch in einer kurzen Romanze liiert war.

3. Kapitel

Das Blatt wendet sich 1946–1952

Die Jahre unmittelbar nach Kriegsende schienen Sinatra steil nach oben zu führen. Sein Entschluß, als freier Künstler zu arbeiten, zahlte sich nun aus. Er galt als Amerikas bester Nachtclub-Entertainer, war ein berühmter Filmstar und der beliebteste Sänger der USA. 1947 gewann er den Down Beat Preis zum dritten Mal hintereinander. 1946 und 1947 nahm er insgesamt 123 Plattentitel auf, so viele wie nie zuvor, darunter „Coffee Song", „Five Minutes More", „The Things We Did Last Sommer" oder „Full Moon and Empty Arms" mit Rachmaninows 2. Klavierkonzert im Hintergrund.

Doch dann begann der Abstieg. Nach soviel Erfolg gab es kaum noch Herausforderungen. Außerdem hatte er sich auf seinem Weg nach oben eine Menge Feinde gemacht. Das zeigte sich bei den Dreharbeiten für

Rechts: Sinatra mit Kathrin Grayson und Peter Lawford in *It happend in Brooklyn* (1947).

It Happend in Brooklyn. Im Gegensatz zu den anderen Schauspielern war er ein unabhängiger Star. Er hatte seinen eigenen Pressesprecher, seinen eigenen Stab und eine unübersehbare Fangemeinde.

Kurz nach Mortimers Verriß trafen sich beide zufällig im „Ciro“, einem Nachtclub in Hollywood. Als Mortimer das Lokal verließ, hatte er einen Wortwechsel mit Sinatra. Es gibt verschiedene Versionen darüber, was dann geschah. Auf jeden Fall ging Sinatra auf Mortimer los. Wie es hieß, hatten seine Freunde den Journalisten am Boden festgehalten, während Sinatra auf den wehrlosen Mortimer einschlug.

Der Hintergrund zu diesen Ereignissen, die in der Rückschau einen absoluten Tiefpunkt in Sinatras Beziehungen zur Presse und in seiner Popularität darstellen, ist komplex. Er hat sowohl mit Sinatras politischen und gesellschaftlichen Einstellungen zu tun, als auch mit seinen vorschnellen und überhitzten Reaktionen auf die kleinste Provokation. Zu Beginn seiner Karriere hatte Sinatra mit Politik nichts im Sinn. Das änderte sich, als er 1944 überraschend zu einem Empfang von Präsident Franklin D. Roosevelt ins Weiße Haus eingeladen wurde. Frank fühlte sich so geschmeichelt, daß er danach den Wahlkampf des Präsidenten unterstützte. Er hielt Reden auf Wahlversammlungen, sprach im Radio und spendete 5.000 Dollar. Das wiederum machte Schlagzeilen und verärgerte konservative Kolumnisten wie Westbrook Pegler, der ihn als „Demokratischen Schmusesänger“ titulierte. Die rechtslastigen Blätter der Hearst- und Scripps-Howard-Presse nahmen Sinatra mit Vorliebe aufs Korn.

Frank hatte sich nie damit abfinden können, es ließ ihn nie kalt, wenn seine Treffen mit Hollywoods Filmköniginnen in den Klatschspalten lang und breit ausgewalzt wurden.

Im Oktober 1946 berichteten Radio und Presse, daß sich Frank und Nancy getrennt hätten.

Sinatras Clan sorgte sich über die emotionale Belastung ihres Goldjungen. „Immer wenn er litt und fertig war“, so Evans, „bekam er eine Halsentzündung.“ Bei der Eröffnung des Klubs Slapsie Maxie in Hollywood kam es zu einer sentimentalen Wiedervereinigung von Frank und Nancy. Frank wurde auf die Bühne gebeten, wo er *Going Home* sang. Dann geleitete ihn der Inhaber, Phil Silvers, demonstrativ an den Tisch, wo Nancy zu Tränen gerührt auf ihn wartete.

Größeren Schaden als die häuslichen Schwierigkeiten richteten Artikel über Verbindungen Sinatras zur Unterwelt an. Den ersten Kontakt zur Mafia bekam er in den frühen Tagen seiner Karriere in Hoboken; viele Clubs oder Raststätten in New Jersey standen unter dem „Schutz“ des organisierten Verbrechens. Frank schloß so Freundschaft mit dem lokalen Obermafiosi Willie Moretti. Der schickte Sinatra noch zu Anfang der fünfziger Jahre väterlich klingende Telegramme, die ihn zur ehelichen Treue ermahnten. Schon aus den dreißiger Jahren kannte Sinatra auch Joe Fischetti,

Oben: Ein dramatisches Foto von Sinatra vor Gericht. Im Hintergrund der feindliche Blick Lee Mortimers. Am Ende gab Sinatra unter dem Druck von MGM nach und entschuldigte sich bei dem Journalisten.

Rechts: Sinatra als Pater Paul in *The Miracle of the Bells* (1948). Ein unausgegorener und sentimentaler Film über das kleinstädtische Amerika. „Ich nehme an, weil Crosby schon einige Male einen Priester gespielt hat, muß nun auch Sinatra in die Rolle schlüpfen. Wenigstens einer von beiden sollte mittlerweile befördert worden sein“, schrieb der *New York Morning Telegraph* abschätzig.

den Cousin von Al Capone. Im Februar 1947 versammelten sich Fischetti und andere Mafiabosse auf Kuba, um das ausgewiesene Mafiaoberhaupt Charlie „Lucky“ Luciano zu treffen. Luciano hatte die wichtigste Rolle bei der Verknüpfung der verschiedenen Mafiafamilien nach dem Ende der Prohibition gespielt. Die Bundesbehörde zur Bekämpfung des Drogenhandels überwachte Fischetti. Sie wußte auch von seinem Treffen mit Sinatra. Sicher ist, daß er und Sinatra in derselben Maschine nach Havanna geflogen waren. Sicher war auch, daß er dort mit Luciano gegessen hat; Sinatra behauptete später jedoch, daß sich diese Treffen rein zufällig ergeben hätten. Wie auch immer: Einschlägige Pressemeldungen schadeten seinem Ruf enorm. Kaum war er mit Nancy zu einem lang versprochenen Urlaub nach Mexiko abgereist, erschien in der Scripps-Howard-Presse ein bösartiger Artikel. Der Verfasser ereiferte sich über Sinatras „merkwürdiges Verlangen, sich mit dem Abschaum rumzutreiben“ und beschuldigte den Sänger, „ein schlechtes Beispiel für seine Horde pickliger, schreiender Sklaven“ zu liefern. Der Zusammenstoß mit Mortimer war also kein Zufall, sondern Höhepunkt einer Fehde, bei der Sinatra die ganze Macht des Hearst-Imperiums zu spüren bekam. Die Polizei verhaftete ihn während der Probe zu einer Radioshow unter der Beschuldigung

Rechts: Die zwei Franks posieren mit einem Baseballschläger während der Dreharbeiten zu *Take Me Out to the Ball Game* (1949), einer Komödie mit vielen schönen Melodien, in der Sinatra und Gene Kelly ein baseballversessenes Tänzer/Sänger-Team spielen.

Oben: von links nach rechts: Sinatra, Betty Garrett, Jules Munshin, Ann Miller, Gene Kelly und Vera-Ellen in der Schluß-szene von *Heut geh'n wir bummeln.*

der Körperverletzung. Er kam gegen eine Kaution von 500 Dollar frei.

Eine Verurteilung hätte Sinatra eine Maximalstrafe von 1000 Dollar oder sechs Monaten Gefängnis einbringen können. Die Anwälte von MGM wollten das nicht riskieren. Unter dem Druck von MGM-Boss Louis B. Mayer akzeptierte Sinatra schließlich einen außergerichtlichen Vergleich. Er entschuldigte sich öffentlich bei Mortimer und beteuerte, daß dieser ihn nicht provoziert hätte. Dazu kamen noch 9.000 Dollar Schmerzensgeld für den Journalisten, der seinerseits die Anzeige zurückzog.

Diese Turbulenzen überschnitten sich mit traumatischen Ereignissen in Sinatras Privatleben: der Scheidung von Nancy und seine Liebesaffäre mit Ava Gardner. Wie es zunächst schien, war das Familienleben nach der Geburt Christinas, des dritten Kindes, im Juni 1948 wieder ins Lot gekommen. Doch 1946 hatte Sinatra Ava Gardner während einer kurzen Trennung von Nancy kennengelernt. Im Herbst 1948 entflammte ihre Liaison zu neuer Leidenschaft. Ava hatte schon zwei kurzlebige Ehen mit Mickey Rooney und Artie Shaw hinter sich. Der Frauenheld und Millionär Howard Hughes zählte zu ihren Liebhabern.

Die Beziehung mit Sinatra überdauerte drei stürmische Jahre. Sie besaßen ein sehr ähnliches Temperament: sprunghaft, trinkfreudig, gesellig und besitzergreifend. Ein enger Freund der beiden beschrieb ihre Beziehung als „eine zweijährige Seifenoper mit wilden Kämpfen, die man um die ganze Welt hören konnte". Der Londoner *Daily Sketch* beschrieb ihre Verbindung als „das erschöpfendste transatlantische Ping-Pong Spiel, das jemals ausgetragen wurde". Zuerst spielten sie es im Verborgenen.

Als Frank gegen Ende 1949 in Begleitung von Ava auf eine zweiwöchige Tournee in New York und Houston ging, wurde ihre Beziehung publik. Im folgenden Februar akzeptierte Nancy schließlich eine endgültige Trennung. Von sich leitete sie jedoch keine Scheidung ein. Einen

Monat zuvor war George Evans, Sinatras Pressesprecher, im Alter von 47 Jahren einem Herzinfarkt erlegen. Er hatte Sinatra immer wieder vor Ava gewarnt. Zur selben Zeit trat seine langjährige Gönnerin Manie Sachs vom Vorstand der Columbia Records zurück. So verlor Sinatra auf einen Schlag zwei verläßliche Freunde. Die Presse aber zerriß Sinatra in der Luft. Sie stellte ihn als gewissenlosen Schuft dar und Ava als ehebrecherische Zerstörerin fremden Familienglücks. Als Frank im März ein Engagement im New Yorker Copabanca Club antrat, mußte er Beruhigungspillen schlukken. Er stand so unter Streß, daß er zeitweilig die Stimme verlor und das Gastspiel abbrechen mußte.

Ava filmte derweil *Pandora* und *The Flying Dutchman* in Spanien und Frankreich. Frank, der nach ärztlichem Befund dringend Ruhe brauchte, flog zu ihr nach Europa. Die anschließenden zwei Monate in London gehörten zur schönsten Zeit, die sie gemeinsam verbrachten. Während Ava weiterhin auf einer Heirat bestand, wehrte sich Nancy gegen eine Scheidung.

Oben: Frank begleitet die elegante Ava bei der Premiere ihres Riesenerfolgs *Show Boat*. Dies war das erste Mal, daß sie sich gemeinsam in der Öffentlichkeit zeigten. Danach blühten die Gerüchte über eine bevorstehende Scheidung.

Rechts: Frank und Ava bei der Voraufführung von *Zu allem entschlossen* (1951) zusammen mit Franks Eltern. Dolly mochte Ava, die sie der eher zurückhaltenden Nancy vorzog.

Links: Am 7. November 1951 ist es schließlich soweit. Die beiden können ihren Hochzeitskuchen anschneiden. Das Foto wurde erst einen Tag nach der Trauung veröffentlicht, als Frank und Ava schon in die Flitterwochen nach Miami und Kuba abgereist waren. Zu dieser Zeit war Ava weit populärer als Sinatra.

Das Jahr 1951 brachte einen neuen Wendepunkt. Nancy willigte endlich in ihre Scheidung ein. Nach langem Zögern ging Frank schließlich am 7. November mit Ava zum Standesamt. Zwischen diesen beiden fordernden, schwierigen und unsicheren Menschen gab es laufend Krach. Harten Auseinandersetzungen folgten gefühlsselige Versöhnungen, die jedoch nicht lange andauerten. Frank hatte wenig zu tun, Ava hingegen sonnte sich als Star von *Show Boat* im öffentlichen Scheinwerferlicht. Das änderte sich, als Frank der Bestseller *From Here to Eternity* („Verdammt in alle Ewigkeit") von James Jones in die Hände kam. Er schildert das harte Soldatenleben auf Honulu 1941 am Vorabend des japanischen Luftüberfalls auf Pearl Harbor. Sinatra erwärmte sich bei der Lektüre für den standfesten, mutigen Rekruten Angelo Maggio. Diese Romanfigur war ihm förmlich auf den Leib geschrieben und er setzte alle Hebel in Bewegung, um bei der bevorstehenden Verfilmung diese Rolle zu übernehmen. Er bot Harry Cohn, dem Chef der Columbia-Film, sogar an, für ganze 1.000 Dollar zu spielen, also weit unter seiner üblichen Gage. Zuerst reagierte Cohn abweisend. Er verhandelte bereits

Unten: Montgomery Clift, Burt Lancaster und Sinatra erhielten eine Oscar-Nominierung für ihre Rollen in *Verdammt in alle Ewigkeit* (1953).

mit Eli Wallach und hatte kein Interesse an einem ramponierten Teenageridol. Aber Wallach überzog seine Gagenforderungen, sodaß Cohn am Ende zu Probeaufnahmen einwilligte. Sinatra kam eilig aus Afrika zurück, wo er Ava schlecht gelaunt bei den Außenaufnahmen zu *Mogambo* Gesellschaft geleistet hatte. Regisseur Fred Zinnemann war über die Probeaufnahmen begeistert. Besonders die Szene, in der Maggio betrunken ist, hatte es ihm angetan. Anfang Februar 1953 bekam Sinatra die Rolle für 8.000 Dollar Gage.

Mit acht Oscars für den besten Film, besten Regisseur, und für Sinatra eine Auszeichnung für die

Links: Sinatras Sterbeszene in *Verdammt in alle Ewigkeit*. Der *Los Angeles Examiner* lobte sie, als „eine der besten, die jemals gefilmt wurden“, und zu Sinatras Rolle meinte er: „Einfach superb, komisch, bemitleidenswert, kindisch, mutig, trotzig.“

Unten: Sinatra und Donna Reed mit ihren Oscars, die sie als beste Nebendarsteller für ihre Rollen in *Verdammt in alle Ewigkeit* erhielten. Es war Sinatras erste Rolle, in der er nicht singen mußte.

beste Nebenrolle gehört der Film heute zu den Klassikern der Filmgeschichte. Die Rolle paßte wie maßgeschneidert zu Sinatra und bedeutete zugleich einen Bruch mit all seinen früheren Rollen im Kino. Als Maggio spielt er einen harten, großspurigen Italo-Amerikaner. Er grinst und säuft sich seinen Weg durch die Army. Er freundet sich mit Robert E. Lee Prewitt (Montgomery Clift) an, als der aus der Kompanie verstoßen wird, weil er sich weigert, in den Boxring zu steigen. Am Ende wird Maggio schließlich von dem brutalen Unteroffizier Fatso Judson (Ernest Borgine) zusammengeschlagen. Er stirbt in Prewitts Armen, der wiederum beim Angriff auf Pearl Harbor ums Leben kommt. *Verdammt in alle Ewigkeit* ist Hollywood in seiner besten, weil unsentimentalen Form. Der ausgezeichnet besetzte Film mit Burt Lancaster und Deborah Kerr in anderen Rollen wurde ein Welterfolg. Sinatra galt von nun an als Schauspieler, mit dem man rechnen mußte. Sein Comeback hatte begonnen.

4. Kapitel

Wieder ganz oben 1953–1960

Nach *From Here to Eternity* ging es mit Franks Karriere wieder aufwärts. Als Oscar-Preisträger war er nun ein anerkannter Star. Vorher hatte ihn Capitol, allerdings nur für ein Jahr, unter Vertrag genommen. Vorschüsse und Spesenzahlungen waren nicht vorgesehen. Seine ersten Titel produzierte er noch mit Axel Stordahl im romantischen Zuckerguß früherer Jahre. Bei der zweiten Studiositzung Ende April 1953 war Nelson Riddle der Arrangeur. Er sollte die nächste Etappe in Sinatras musikalischer Entwicklung entscheidend prägen. Gemeinsam nahmen sie mit Bläsern und Streichern im Hintergrund die klassische Version von „My One and Only Love“ auf. Sinatras Weg in den Swing hatte begonnen.

Die anschließende Europa-Tournee war weniger erfolgreich. Eheprobleme mit Ava, die sich im Oktober 1953 von ihm getrennt hatte, brachten Frank aus dem seelischen Gleichgewicht. „Als es ihm dreckig ging, war er sanft und lieb. Wir waren damals glücklich miteinander. Aber jetzt hat ihn sein Erfolg wieder arrogant gemacht“, sagte Ava. So kam das Ende beinahe zwangsläufig.

Der schmerzliche Bruch spiegelt sich in den Songs jener Zeit; Franks Aufnahmen gewannen an Intensität. Die Texte drehten sich um Verlust und Einsamkeit. Songs wie „Don't

Rechts: Sinatra bei seiner Ankunft in Los Angeles im November 1953. Ausgemergelt und voller Melancholie, hat er einige Tage voller Erschöpfung in einem New Yorker Hospital verbracht. Im Namen von Ava Gardner hatte MGM ihre bevorstehende Scheidung bekanntgegeben. Frank traf sie nochmals Weihnachten für ein kurzes Wiedersehen bei den Dreharbeiten für die *Barfüssige Gräfin* in Europa.

Worry 'Bout me", „Little Blue Girl", „I Get A Kick Out Of You" und „It's a Blue World" zeugen von seiner neuen Meisterschaft. „Das kam durch Ava, so hat er es gelernt", sagte Nelson Riddle. „Sie war die größte Liebe seines Lebens, und er hat sie verloren." Der swingende, balladenartige Stil aus den 50er Jahren war typisch für die Zeit bei Capitol. Der erste Hit wurde „Young at Heart", aufgenommen im Dezember 1953. Im März 1954 hatte er die Spitze in der Hitparade der Singles erklommen.

Während der restlichen 50er Jahre nahm Sinatra einige seiner berühmtesten Titel auf und etablierte sich auf dem Markt der Alben. Vor allem jedoch widmete er sich der Schauspielerei bei insgesamt 17 Filmen. Seine Vielseitigkeit stellte er 1955 allein in vier verschiedenen Filmen unter Beweis. *Young at Heart* mit Doris Day als Partnerin war ein musikalisches Remake von *Four Daughters*, in dem Frank den brillanten, aber schwermütigen Musiker John Garfield darstellte. Er sang zahlreiche Evergreens wie Gershwins „Someone to Watch Over Me", „Just One of These Things" von Cole Porter oder „One For My Baby", den Klassiker von Harold Arlen und Johnny Mercer.

Wie sehr sich Frank seinerzeit für seine Filmkarriere engagiert hatte, wurde überzeugend wie nie zuvor in *The Man with the Golden Arm* (1955) deutlich, wo er einen ehemaligen Junkie und Möchtegern-Schlagzeuger spielt. Durch einen Rückfall verpaßt er einen Vorspieltermin. Den Höhepunkt des Films bildet ein dreitägiger, qualvoller Entzug, bei dem er endgültig von der Drogensucht loskommen will. Regisseur Otto Preminger hatte Sinatra zugesagt, er könne diese emotional und physisch gleichermaßen schwierige Schlüsselszenen proben, so oft er wolle. Zu seiner Verwunderung bewältigte sein Star diesen kritischen Höhepunkt in einem einzigen Take. Er bot eine starke schauspielerische Leistung, sodaß sich die Kritiker mit Lob überschlugen. Sinatra wurde erneut für einen Oscar nominiert.

Ein Jahr fast ununterbrochenen Filmens half Sinatra bis zu einem gewissen Grade über die Leere sei-

Links: Frank als ein gefährlicher, knallharter Killer in *Suddenly* (1954), ein Film, der seinen Ruf als Star untermauerte.

Unten: Sinatra dirigiert ein 56-Mann-Orchester im Aufnahmestudio von Columbia. Gleich links neben ihm Nelson Riddle, der die Arbeit mit Sinatra stets als anregend empfand. „Dieser Mann holt alles raus aus dir", sagte er später. „Wir beide wußten immer, was wir mit einem Song anfangen wollten..."

Oben: Mit Doris Day in *Young at Heart*, sein erster Film von 1955, den ein Kritiker als altmodisches Melodrama „mit Rosen rund um die Tür" beschrieb.

nes damaligen Privatlebens hinweg. Jule Styne teilte sein Junggesellenappartment. Nicht gerade diskret äußerte er sich später über Franks Depression, die nächtlichen Anrufe bei seiner langmütigen Ex-Frau Nancy und die alkoholschwangeren Verzweiflungsausbrüche wegen Ava. Nach acht Monaten wies ihm Frank die Tür. Fünf Jahre lang wechselte er kein einziges Wort mit Styne.

War 1955 ein Jahr des Films, so stand 1956 im Zeichen der Schallplatte. Bislang rangierten Studioaufnahmen auf Platz zwei, doch 1956 machte er sich für 20 Termine frei. Inzwischen war die neue 33er Langspielplatte entwickelt worden.

Hier bot sich eine Alternative zur Hitparade, die hauptsächlich von den neuen Rock'n Roll Stars beherrscht wurde. Er bekam nun die Chance, seine Titel auf neuen LPs zusammenzustellen und als Interpret zu glänzen. Zwischen 1954 und 1961 waren unter seinen 13 LPs bei Capitol fünf Topseller. Für fast alle hatte Nelson Riddle die Beleitmusik arrangiert.

Höhepunkt dieser Entwicklung war das Bigband-Album „Songs for Swinging Lovers" von 1956, wahrscheinlich die beste Arbeit von Nelson Riddle. Es enthielt weltweit beliebte Titel wie Cole Porters „I've Got You Under My Skin", der 1980 von Fans zum Dauerfavoriten erhoben wurde und „You Make Me Feel So Young". Nelson Riddle wirkte bei allen Aufnahmen mit. Er selbst sagte über Sinatra: „Obwohl es nicht leicht war, mit ihm zu arbeiten, gab er sein Bestes".

Rechts: In *The Tender Trap*, einem anderen Film von 1955, fiel der Junggeselle Sinatra schließlich den Verlockungen von Debbie Reynolds zum Opfer. Hier sieht man die beiden mit Celeste Holm und David Wayne.

Musik stand auch bei einigen seiner Filme im Vordergrund, besonders in *High Society* oder *Die oberen Zehntausend* (1956), ein Remake der klassischen *Philadelphia Story* mit Sinatra, Grace Kelly und Bing Crosby in Rollen, die einmal mit James Stewart, Katherine Hepburn und Cary Grant besetzt worden waren. Die Cole Porter Songs und Mitwirkung von Louis Armstrong machten den Film zu einer vergnüglichen Balgerei für die Darsteller und das Publikum.

Im Gegensatz dazu war *The Pride and the Passion* nach C.S. Foresters Roman *The Gun* harte Arbeit in einer unkollegialen Atmosphäre. Der Film spielte in Spanien zur Zeit des Unabhängigkeitskampfes gegen Napoleon mit Sophia Loren und Cary Grant in anderen Hauptrollen. Der Streifen wurde in 16 strapaziösen Wochen im Land abgedreht.

In seinen zwei nächsten Filmen fühlte er sich eher zuhause, sowohl in den Rollen als auch deshalb, weil er finanziell an den Produktionen beteiligt war. *The Joker is Wild* war die filmische Version von Sinatras Fall und Wiederaufstieg. Der Film wurde von der Kritik gut aufgenommen. Er fange die bittere, innere Unrast des Titelhelden fast zu gut ein, meinte die *Los Angeles Times*. In *Pal Joey* stand Sinatra mit Rita Hayworth und Kim Novak vor der Kamera. Es handelte sich ursprünglich um ein Bühnenmusikal von Rodgers und Hart mit dem Song „The Lady is a Tramp“. Ein musikalischer Ausflug ins Fernsehen, bei dem ihm ABC drei Millionen Dollar

Oben: Sinatra als *Der Mann mit dem Goldenen Arm*. Seine Freundin Kim Novak hilft ihm durch das qualvolle Delirium beim Drogenentzug. Seine glänzende Darstellung trug Frank eine Nominierung zum Oscar ein.

Links: Guys and Dolls brachte mit Sinatra und Marlon Brando zwei gänzlich verschiedenartige Schauspieler zusammen. Es kam nicht viel dabei raus.

Rechts: Bing Crosby, Grace Kelly und Sinatra in *High Society*. Sinatra, der ungehobelte, idealistische Fotograf Mike Connor verliert sein Herz an die elegante Tracy Lord, die er zunächst verachtet hatte.

Unten: Sinatra als spanischer Guerillaführer in *The Pride and the Passion* (1957). Hier langweilt er sich neben Co-Star Sophia Loren bei einer Drehpause.

für eine größere Serie zahlte, wurde ein Reinfall. Die ersten 13 Folgen von je einer halben Stunde wurden in weniger als 20 Tagen gedreht, und das sah man. Sinatras lockeres Auftreten, das ihm im Film zugute kam, konnte nicht eine ganze TV-Serie zusammenhalten.

Seine Filme aus den späten 50er Jahren fanden gemischte Resonanz. Mit Tony Curtis und Natalie Wood spielte er in *Kings Go Forth*, ein ziemlich schwerblütiges Melodrama aus der Kriegszeit. Der *Los Angeles Examiner* lobte Sinatra überschwenglich: „Es läßt sich nicht leugnen: Er ist wirklich ein großer Schauspieler."

Kühl reagierte die Kritik ein Jahr später auf *Some Came Running*. Sinatra spielte einen Kriegsheimkehrer, der zuhause in neues Ungemach gerät. Seine Partner waren Dean Martin und Shirley MacLaine, im Film eine Frau mit goldenem Herzen. Sie heiraten schließlich, aber sie wird von einem eifersüchtigen Ex-Freund getötet. *Time* schrieb abfällig: „Shirley MacLaine bietet einige Glanzlichter übertriebener Schauspielerei, Frank Sinatra spielt Frank Sinatra, darüber hinaus gibt es nichts zu erwarten ...".

Links: Regisseur Stanley Kramer erteilt letzte Anweisungen für Nachtaufnahmen in der spanischen Stadt Valdemoro.

Unten: Spanische Rebellen und der britische Marineoffizier Cary Grant schließen sich zur Befreiung der spanischen Stadt Avila zusammen, die von napoleonischen Truppen besetzt ist. Der Angriff soll bei Morgengrauen stattfinden.

Some Came Running brachte einen neuen Tiefpunkt in Sinatras Beziehungen mit der Presse. Nach dem Tod von Humphrey Bogart sah man ihn immer öfter in Gesellschaft von dessen Witwe Lauren Bacall. Die Klatschjournalisten spekulierten über eine mögliche Heirat. Lauren Bacall sagte später über ihre Beziehung zu Sinatra: „Es war wunderbar, bis die Presse verrückt spielte und uns beide verrückt machte."

Für Streitigkeiten mit der Presse sorgten auch Sinatras finanzielle Aktivitäten im Spielbankgeschäft. Nach seinem Erfolg in *Verdammt in Alle Ewigkeit* erhielt er von den Aufsichtsbehörden in Nevada eine Lizenz. Es dauerte 14 Monate, bevor die Steuerbehörde ihren Segen erteilte. Sie hatte Bedenken wegen möglicher Kontakte Sinatras zur Unterwelt. Damals gab es in Las Vegas gerade erst ein halbes Dutzend Hotels mit offiziell zugelassenen Spielkasinos. Als Sinatra mit einem zweiprozentigen Anteil einstieg, war sicher, daß er nicht verlieren konnte. Der Star damals: „Ich will mein Geld so anlegen, daß ich mei-

Oben: Sinatra als vielversprechender junger Sänger Joe Lewis in *The Joker is Wild* (1957) mit Co-Star Mitzi Gaynor.

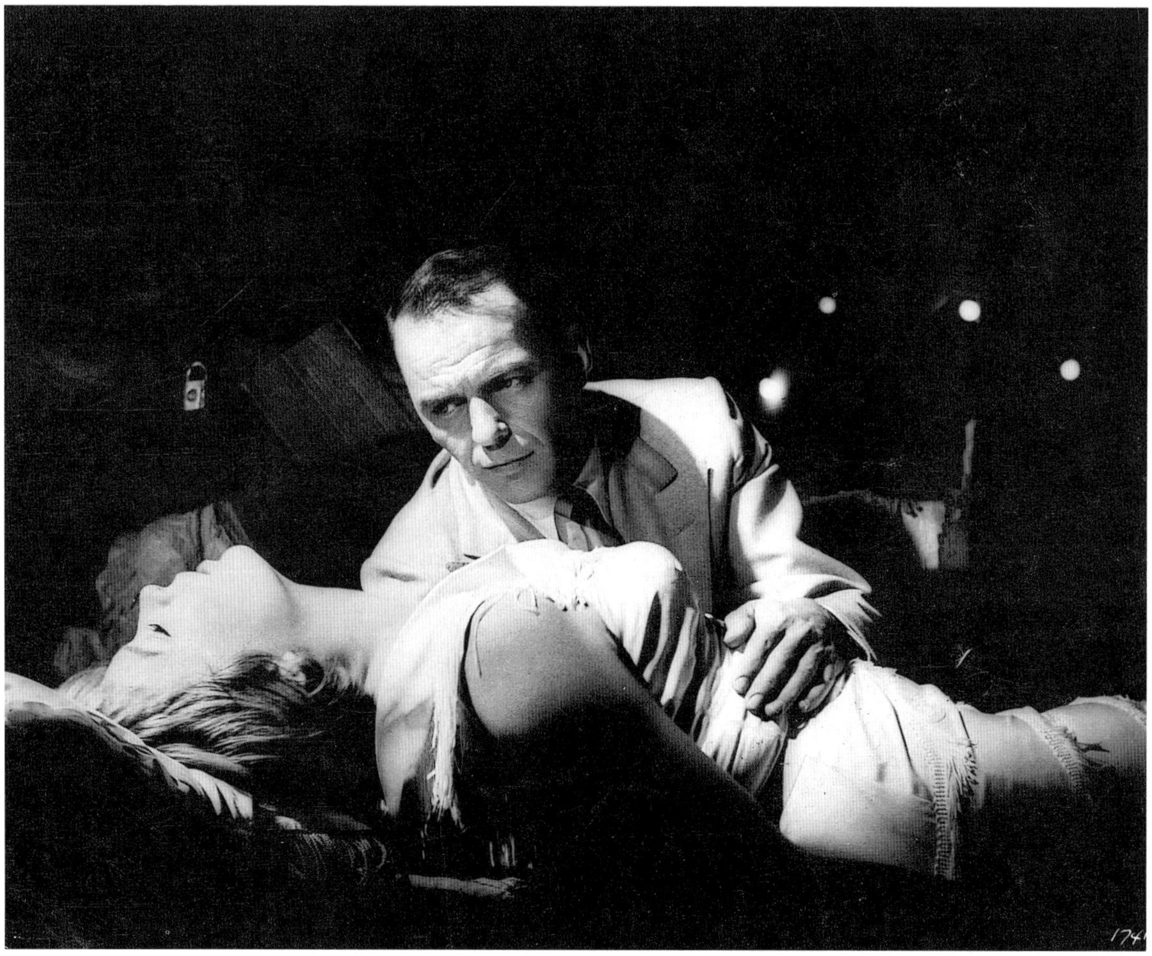

Rechts: Mit Shirley MacLaine in *Some Came Running* (1958).

Gegenüber: Im Studio bei *Pal Joey* (1957). Sein Haaransatz über der Stirn begann sich zu lichten. Man sah Sinatra daher oft mit Hut.

RITA
HAYWORTH
KIM
NOVA
COLUMBIA

Rechts: Sinatra mit Kim Novak in *Pal Joey*. „Eine der wenigen musikalischen Komödien mit einem kleinen Schurken als Helden“, wie *Look* schrieb.

Links und unten: In *Die oberen Zehntausend* reißen sich Crosby und Sinatra um das gleiche Mädchen, die reiche und glamouröse Tracy Lord (Grace Kelly).

Rechts: Frank mit Lauren Bacall. Heiratsgerüchte in Hollywoods Klatschkolumnen brachten sie auseinander.

nen Kindern eine Ausbildung finanzieren kann und genug für mich selber habe, wenn ich als Entertainer nicht mehr gefragt bin. Mit meiner Beteiligung bei Sands werde ich gut zurechtkommen.“ In der Tat wurde Sinatra dank seiner Kapitaleinlage zum Multimillionär, ganz abgesehen von den phänomenalen Tantiemen und Gagen, die er als Sänger und Schauspieler kassierte. Im Laufe der 50er Jahre baute er sich ein regelrechtes Finanzimperium auf, zu dem u.a. seine Filmgesellschaft Essex, vier Musikverlage, Anteile an Radiostationen und viele Immobilien gehörten.

Wenn das noch nicht für die Presse reichte, so waren es mit Sicherheit seine vielen Romanzen. Der Affäre mit Lauren Bacall folgte eine andere mit dem Londoner Societygirl Lady

Rechts: Mit Shirley MacLaine und Maurice Chevalier in *Can-Can* (1960). Der Film spielt im Paris der Jahrhundertwende, wo der Can-Can bei Sittenwächtern verpönt war. Shirley schwenkt bei einer temperamentvollen Vorführung ihre Beine.

Links: Sinatras Liebschaft mit Marylin Monroe blieb seinerzeit geheim. Seine Freundschaft mit Marylins Ex-Mann Joe DiMaggio hatte sich abgekühlt und verwandelte sich in Feindschaft, als Marilyn über die Lawfords die Brüder Kennedy kennenlernte. DiMaggio verbot Sinatra und Lawford 1961 die Teilnahme an Marilyns Begräbnis.

Adele Beatty. Dann kam seine verschwiegene Liaison mit Marilyn Monroe. Schließlich sorgte seine Verlobung mit Juliet Prowese, die er bei den Dreharbeiten für *Can-Can* kennengelernt hatte, für neuen Pressewirbel. Diese Verbindung überlebte zahlreiche andere Affären, bis sich Sinatra 1961 zur Heirat bereiterklärte. Aber schon sechs Wochen später widerrief er seinen Entschluß, weil Juliet nicht auf ihre Karriere verzichten wollte.

5. Kapitel

Der König des Swing 1961–

Die letzten dreißig Jahre seiner Karriere führten Sinatra durch alle Höhen und Tiefen. Es gab exzellente und erschreckend selbstgenügsame Filme, öffentliche Lobsprüche und Fehden, Romanzen und Kräche. Die harten Zeiten Ende der 40er Jahre wiederholten sich nicht, seine Platten verkauften sich glänzend. Daß er gelegentlich von der Presse runtergemacht wurde, mußte den Multimillionär Sinatra jetzt nicht mehr sonderlich bekümmern. 1961 hatte er sich endlich von Capitol lösen können und seine eigene Plattenfirma Reprise Records gegründet.

Sinatra setzte für seine Produktion hohe Maßstäbe, sie förderten den Ruf von Reprise. Nelson Riddle stand immer noch bei Capitol unter Vertrag. So experimentierte Sinatra mit anderen Arrangeuren und Bandleadern wie Billy May, Sy Oliver, Don Costa oder Neal Hefti, der mit ihm schon bei Count Basie gearbeitet hatte. Riddles Rückkehr 1963 feierten beide mit „The Concert Sinatra" und dem Erfolgsalbum „Sinatra's Sinatra".

Schon mit den ersten Aufnahmen wie „The Things We Did Last Summer" hatte sich Sinatra durch seine entspannte Gesangstechnik und sein rythmisches Gespür die Herzen der Jazzfans erobert. Das Sinatra-Basie Album markierte Sinatras Spitzenleistung als Jazzsänger.

Reprise vereinte bald einen Stamm talentierter Plattenstars wie Bing Crosby, Dean Martin und Sammy Davis. Die Firma befriedigte nicht nur ihre künstlerischen Ambitionen. Sie konnten die Aufnahmesitzungen eigenständig organisieren und die Bänder behalten. Mitte 1963 war Reprise so gut im Geschäft,

Gegenüberliegend: Ein entspannter Sinatra auf einem PR-Foto von 1961.

Links: Sinatra präsentiert seinen Special Oscar von 1971, den Jean Hersholt Preis für humanitäre Verdienste.

daß Jack Warner Sinatra ein Übernahmeangebot von zehn Millionen Dollar machte. Sinatra liierte sich mit dem Warner-Imperium. Er behielt ein Drittel von Reprise, dazu das Recht, eigene Aufnahmen zu produzieren sowie einen Filmvertrag. Sinatra floß das Geld leicht durch die Finger. Einige seiner wildesten Extravaganzen fielen in jene Zeit – hundert Dollar Trinkgelder für Garderobenfrauen, Flüge rund um die Welt für Freunde, Koffer voller Banknoten. Großzügig zeigte sich Sinatra aber auch durch seine Benefizkonzerte in Mexiko und Wohltätigkeitstourneen durch Japan und Europa, die von 1960 bis 1962 mehr als eine Million Dollar Gewinn für karitative Zwecke einbrachten.

Geprägt wurden die 60er Jahre ebenso durch den Sinatra-Clan. Nach dem Tod von Humphrey Bogart hatte dessen Hollywood Clique ihren Biß verloren. Der Clan um Sinatra war verschieden. Wie frühere Gruppen in Sinatras Leben, bestand er vor allem aus Geschäftspartnern – langjährige Freunde und Kollegen wie Hank Sanicola, Filmstar Peter Lawford, die Songschreiber Sammy Cahn und Jimmy van Heusen oder Sänger wie Dean Martin, Sammy Davis Jr. oder Joey Bishop. Die Traditionen des Clans entwickelten sich aus der Nachtklubroutine des zentralen Trios Sinatra, Martin und Davis. Die örtliche Presse meldete Erstaunliches über das hektische Treiben der Gruppe. Sie filmten am Morgen, nachmittags stand Sinatra in einer anderen Rolle erneut vor der Kamera. Am Abend probten sie für eine TV-Show, und später traten alle drei im Sands Hotel zweimal bei einer Late Night Show auf. Die treibende Kraft war Sinatra. Von ihm

Unten: Der Crooner und der Swooner vor der Kamera für Franks Fernsehshow bei ABC. 1962 trat er mit Bing Crosby und Bob Hope in *The Road to Hong Kong* als Gast auf.

Links: Ein anderer Ehrengast in seiner TV-Show war Eleanor Roosevelt, die Witwe des Demokratischen Präsidenten F. D. Roosevelt, hier bei einem Probengespräch am 2. November 1962. Damals wählte Amerika einen neuen Präsidenten und Frank war ein glühender Anhänger des Demokraten J. F. Kennedy.

stammte die Idee, jedes Jahr einen Film zu drehen. Die Ergebnisse hießen *Sergeants Three* (Die siegreichen Drei, 1962), *Four for Texas* (Vier für Texas, 1963) und *Robin and the Seven Hoods* (Sieben gegen Chicago, 1964).

Dann gab es noch die Kennedy-Jahre. Sinatra, seit je ein Anhänger der Demokratischen Partei, engagierte sich öffentlich für die Wahl J. F. Kennedys ins Weiße Haus. Peter Lawford hatte 1954 Patricia Kennedy geheiratet. Ein Jahr später beteiligte sich Sinatra an den Planungen einer Kampagne zur Nominierung John F. Kennedys im Bundesstaat Kalifornien. Er war vom Charisma des jungen, brillanten Senators tief beeindruckt und führte ihn in das Highlife der Hollywood-Prominenz ein.

Im Juli 1960 eröffneten Sinatra und der Clan den Demokratischen

Links: Sinatra mit Pat Lawford. Den Demokraten leistete er vor allem als Spendensammler unschätzbare Dienste beim Wahlkampf. Aber der Kennedy-Traum dauerte nicht lange.

Rechts: Frank mit Sammy Davis Jr. und Dean Martin bei einer Drehpause für *Sergeants Three* (1962). Der zweite gemeinsame Film des Clans beruhte auf einer Story von Ruyard Kipling.

Unten: Sinatra-Konzert im New Yorker Madison Square Garden 1971.

Im Juli 1960 eröffneten Sinatra und der Clan den Demokratischen Parteikonvent in Los Angeles mit dem Gesang des „Star Spangled Banner“. Nach Kennedys Wahlsieg organisierte Sinatra in Washington eine Inaugurationsgala. Sie überstrahlte mit ihrem Aufgebot an Talenten alles Dagewesene und unterstrich Sinatras Format als Mann des Showgeschäfts. Vielleicht hatte Sinatra sich eine politische Belohnung erhofft; der Hollywood-Klatsch wollte von einem Botschafterposten in Italien wissen. Aber mit Kennedys Amtseinführung hatte die Beziehung den Höhepunkt überschritten. Schon vor der Wahl hatten Republikanische Blätter verleumderische Geschichten über Verbindungen Sinatras und des Clans zur Unterwelt verbreitet. Als der neue Justizminister Robert Kennedy seinen Feldzug gegen die Mafia verkündete, war Sinatra dem Weißen Haus nicht mehr genehm.

Anderen Ärger gab es 1963 bei einer Konfrontation mit den Auf-

Oben: Ein glanzvoller Höhepunkt seiner Beziehungen mit den Kennedys: Sinatra begleitet die künftige First Lady Jacqueline Kennedy zur Inaugurationsgala 1961.

Links: Sinatra, Davis und Martin proben 1988 für eine Tournee durch 29 Städte.

sichtsbehörden im Glücksspielstaat Nevada. Das Gaming Board hatte drei Jahre zuvor elf „bekannte Gangster“ aus Nevadas Glücksetablissements verbannnt. Auf der Liste stand auch Sinatras langjähriger Freund Sam Giancana. Als er sich dennoch in Sinatras Cal-Nevada Gambling Lodge zeigte, drohte die Aufsichtsbehörde mit dem Entzug der Lizenz. Die schwarze Liste des Amtes war parteiisch. Es fehlten die Namen all jener Gangster, die tatsächlich an Nevadas Kasinos beteiligt waren. Nun wurde Sinatra vorgeworfen, er arbeite mit einem Mafiaboss zusammen. Zur Überraschung vieler gab er abermals nach und verkaufte seine Anteile bei den Cal-Neva und Sands Kasinos.

Ein schlechtes Jahr endete mit der Ermordung von Präsident Kennedy. Drei Wochen später wurde Frank Jr., der gerade seine Karriere als Sänger gestartet hatte, entführt. Die Kidnapper waren sehr amateurmäßig vorgegangen: Frank bezahlte das Lösegeld, einer der Entführer stellte sich kurz danach freiwillig.

Außer den gemeinsamen Clan-Filmen kamen in den 60er Jahren auch einige ernsthafte Sinatra-Filme unterschiedlicher Qualität

Oben und rechs: Die Entführung von Sinatra Jr. 1963 vereinte die Familie aus Sorge um dessen Sicherheit. Seine Mutter und seine Großeltern (unten) zeigten sich auf einer Pressekonferenz, nach dem er unverletzt freigelassen worden war.

Rechts außen: Der kritische Augenblick in *The Manchurian Candidate* (1962): Sinatra entdeckt in einer Spielkarte den Schlüssel zu einer Gehirnwäsche, die seinen Kameraden Laurence Harvey steuert.

heraus. *The Manchurian Candidate* („Botschafter der Angst"), ein wilder, aber gut inszenierter Spionagethriller, gehörte zu den besten.

Come Blow Your Horn, die etwas derbe Filmversion eines früheren Broadwayerfolgs von Neil Simon mit dem albernen deutschen Titel „Wenn mein Schlafzimmer sprechen könnte" fand ebenfalls ein wohlwollendes Echo. Obwohl Sinatra über seine eigene Produktionsgesellschaft verfügte, wählte er nicht immer den geeigneten Stoff. *None But the Brave* („Lohn der Mutigen"), ein anderer Streifen aus dem Jahr 1965, war ein bewundernswerter Antikriegsfilm. Aber auf die Tatsachen, daß Sinatra gleichzeitig Regisseur und sein eigener Star war, reagierte die Kritik mit gemischten Gefühlen. Sein nächster Film *Von Ryan's Express* erwies sich als sehr viel erfolgreicher.

Der tempogeladene Thriller mit Trevor Howard als Co-Star spielt

Rechts: Sinatra mit Tony Bill als die verrückten Baker Brothers in *Come Blow Your Horn* (1963).

Gegenüber: In fröhlicher Stimmung bei den Drehbarbeiten zu *Von Ryans Express* (1965). Sinatra ist der barsche, unbeliebte Titelheld mit stählernen Augen.

Unten: Sinatra an einem felsigen Strand mit dem Drehbuch von *None But the Brave*. Der melodramatische Antikriegsfilm war nicht besonders erfolgreich.

COL. JOSEPH L. RYAN

unter einer Gruppe von Anglo-Amerikanern in einem italienischen Kriegsgefangenenlager, unter ihnen Colonel Ryan (Sinatra). Er trägt den Spitznamen Von Ryan wegen seiner offenkundigen Sympathien für die Nazis. Die bunt zusammengewürfelte Gruppe kapert einen Zug und bricht zur Schweizer Grenze durch. Die Verfolgungsjagd und ihr aufregender Ausgang gelten als Klassiker ihres Genre.

Mitte der 60er Jahre geriet Sinatras Privatleben durch seine Verbindung mit Mia Farrow ins Fadenkreuz der Presse. Seit er vor zehn Jahren seine Verlobung mit Juliet Prowse gelöst hatte, war Jill St. John seine einzig dauerhafte Freundin unter den zahllosen attraktiven Frauen in seiner Begleitung gewesen. Sinatra schien zum ewigen Junggesellen bestimmt. Mit Mia, die er bei den Dreharbeiten zu *Ryans Express* kennengelernt hatte, war es anders.

Im Juli 1966 heirateten die beiden. Aber aus ihren abweichenden Terminplänen ergaben sich bald Probleme. Sinatra fand sich nicht damit ab, daß Mias berufliche Pflichten vor seinen Erwartungen rangierten. Als sich Mias Dreharbeiten für *Rosemary's Baby* länger als erwartet hinzogen, kam es zum Bruch. Frank wollte sie nun bei seinem Film *The Detective* nicht mehr dabei haben; er gab ihre Rolle Jacqueline Bisset und verkündete das Ende der Ehe.

In die späten 60er Jahre fielen einige seiner klassischen Platten. Sein 50. Lebensjahr 1965 krönte ein Grammy Award für das Album „September of My Years". Rekordzulauf gab es bei seinem Auftritt mit Count Basie beim Newport Jazz Festival. Mit „It was a Very Good Year" gelang ihm der erste Top Ten Hit seit 1958. „Strangers in the Night" steuerte schnurstracks die Spitze der Charts an, gefolgt von „That's Life" und „Something Stupid". Dies war wirklich eine erstaunliche Leistung auf dem hart umkämpften Markt der Singles, der den Swing, wie es schien, weit hinter sich gelassen hatte. Drei Alben mit Don Costa folgten 1968 und 1969, die sich in die besinnliche Stimmung von „September of My Years" fügten. „Cycles" und „My Way" brachten es zu Gold.

Sinatra schockierte seine Fans, als er 1971 seinen Rückzug von der Bühne bekanntgab. Sie hatten dar-

Rechts: Sinatra in seinem Lieblingsaufzug mit Mia Farrow bei einer Wohltätigkeitsgala im Frühjahr 1965. Sie trägt die Haare noch lang in ihrer Rolle als Alison Mackenzie in *Peyton Place*. Später, nach Sinatras 50. Geburtstag, den er erst mit Nancy und den Kindern, anschließend privat mit Mia verbrachte, ließ sie sich die Haare für den vertrauten Garçon Look abschneiden. Ihr Freund und Mentor Salvador Dali nannte diese Geste damals einen „mythischen Selbstmord".

Links: Frank und Mia an ihrem Hochzeitstag im Juli 1966. Die Beziehung entwickelte sich sogleich stürmisch. Frank hatte eine traditionelle, fügsame Ehefrau erwartet. Mia dagegen war ein selbstbewußter, gut verdienender Star. Selbst als Fünfziger galt ein verliebter Frank als unwiderstehlicher Charmeur, aber in der Ehe sah das anders aus.

auf vertraut, daß er nicht so bald aus dem Rampenlicht verschwinden werde. 1973 teilte er mit, er werde sich wieder „aus dem Ruhestand zurückziehen". Tatsächlich tauchte er für eine Reihe von Shows von Zeit zu Zeit aus der Versenkung auf. Er nahm weiter Platten auf und zeigte sich wie gewohnt kampfeslustig. Bei einem Faustkampf mit

Sinatra in Aktion für eine Krimi-Serie bei der New Yorker Polizei, die mit *The Detective* begann. Sie wurde für das TV-Special *Contract on Cherry Street* gedreht. „Diese schwachsinnige Geschichte", schrieb die *New York Times*, „ist fatal für alle Beteiligten."

Gegenüber: Sinatra im Januar 1974, wenige Monate nach seinem „Rückzug aus dem Ruhestand". Das Comeback wurde durch ein neues Album „Blue Eyes is Back" und eine gleichnamige TV-Show eingeleitet. Danach kehrte Sinatra als erfolgreicher Nachtklubentertainer in Caesars Palace nach Las Vegas zurück.

dem Kasinomanager seines eigenen Hotels verlor er 1967 die Vorderzähne. Sein Privatleben nahm durch die Liaison mit Barbara Marx eine Wendung zum Besseren. Sie hatte ihren Mann Zeppo von den berühmten Marx Brothers verlassen und war in Franks luxuriöses Domizil in Palm Springs eingezogen. Sie heirateten 1976, gerade zur rechten Zeit, um Sinatra über den traumatischen Verlust seiner Mutter hinwegzuhelfen. Der Privatjet, der die unverwüstliche Dolly nach Las Vegas bringen sollte, war kurz nach dem Start abgestürzt. Als direkte Konsequenz aus dem Tod seiner Mutter erklärte sich Sinatra bereit, seinen ersten Fernsehfilm zu drehen. *Conctract on Cherry Street* basierte auf Dollys Lieblingsroman über einen Polizisten im Kampf gegen die Mafia, den nun Frank spielte.

Nach wie vor kamen neue Platten heraus, wenn auch in längeren Intervallen. „Trilogy: Past, Present, Future" brachte es 1980 in die Top 20, die Single „Theme From New York, New York" in die ersten 40. In den *Billboard*-Listen rangierte „LA is My Lady" 1985 als Hit. Seine Tournee zum 75. Geburtstag war gleichermaßen ein Triumph beim Kartenverkauf wie bei der Kritik. Sein flies-

Links: Sinatra feierte seine vierte Hochzeit, diesmal mit Barbara Marx, im Mai 1976 in Palm Springs im Haus von Walter Annenberg, ehemals U.S. Botschafter in London. Seiner Braut verehrte er einen Rolls Royce; sie revanchierte sich mit einem Jaguar XJS.

sender Gesangsstil, seine spöttischen Bemerkungen und seine Austrahlung beim Liveauftritt verfehlten nicht ihre Wirkung auf das weltweite Publikum. Man mag ihn bewundern oder verabscheuen: Sinatra fordert immer noch extreme Reaktion heraus. Zweifellos hat er sich einen einzigartigen Platz in der populären Musik unseres Jahrhunderts erobert. Anläßlich eines Konzerts in der Londoner Albert Hall schrieb der *Evening Standard* 1977: „Hinter ihm liegen drei Jahrzehnte wunderbar gesungener Songs, drei Jahrzehnte voller Nostalgie und eimerweise vergossener Mädchentränen. Solange Sinatras Stimme irgendwo erklingt, werden wir alle von Zeit und Zeit romantisch."

Gegenüber: Frank beim Aufritt mit Tochter Nancy. Sie war stets eine eifrige Bewunderin ihres Vaters. Mit „These Boots Were Made for Walking" schaffte sie 1965 den Sprung in die Topliste der Charts. Zwei Jahre später kamen Vater und Tochter gemeinsam mit „Something Stupid" auf Platz eins.

Links: Sonnengebräunt und gut drauf – Frank nach seiner Hochzeit mit Barbara Marx.

Rechts: Nach Kennedys Ermordung flaute seine Begeisterung für die Sache der Demokraten ab. Dieses Foto aus dem Jahre 1980 zeigt ihn tief verankert in der Reagan Ära. Wilde Gerüchte brachten Sinatra sogar mit einer Liebesaffäre der First Lady in Verbindung.

Unten: Liza Minelli, Tochter Judy Garland, sprang bei einer Sinatra/Davis Tournee für den erkrankten Dean Martin ein.

U.S. Filmographie

Unten: Eine bursleske Szene aus dem Busby Berkeley Musical *Take Me Out to the Ball Game* mit Sinatra und Gene Kelly. Wer der bessere Tänzer ist, läßt sich kaum übersehen.

1941
Las Vegas Nights, DIR. Ralph Murphy (with the Tommy Dorsey band)

1942
Ship Ahoy, DIR. Edward Buzzell, starring Eleanor Powell and Red Skelton

1943
Reveille With Beverly, DIR. Charles Barton, starring Ann Miller
Higher and Higher DIR. Tim Whelan, starring Michele Morgan, Jack Haley and Sinatra

1944
Step Lively, DIR. Tim Whelan, starring Sinatra, George Murphy, Adolphe Menjou

1945
Anchors Aweigh, DIR. George Sidney, starring Sinatra, Kathryn Grayson, Gene Kelly
The House I Live In, DIR. Mervyn Le Roy

1946
Till the Clouds Roll By, DIR. Richard Whorf, starring June Allyson, Lucille Bremer, Judy Garland, Kathryn Grayson, Van Heflin, Van Johnson, Angela Lansbury, Tony Martin, Virginia O'Brien, and Sinatra as himself

1947
It Happened in Brooklyn, DIR. Richard Whorf, starring Sinatra, Kathryn Grayson, Peter Lawford, Jimmy Durante

1948
The Miracle of the Bells, DIR. Irving Pichel, starring Fred MacMurray, Alida Valli, Sinatra and Lee J Cobb
The Kissing Bandit, DIR. Lasło Benedek, starring Sinatra, Kathryn Grayson

1949
Take Me Out to the Ball Game, DIR. Busby Berkeley, starring Sinatra, Esther Williams, Gene Kelly
On the Town, DIR. Gene Kelly and Stanley Donen, starring Gene Kelly, Sinatra, Betty Garrett, Ann Miller

1951
Double Dynamite, DIR. Irving Cummings, starring Jane Russell, Groucho Marx, Sinatra
Meet Danny Wilson, DIR. Joseph Pevney, starring Sinatra, Shelley Winters, Alex Nicol

1953
From Here to Eternity, DIR. Fred Zinneman, starring Burt Lancaster, Montgomery Clift, Deborah Kerr, Donna Reed, Sinatra

1954
Suddenly, DIR. Lewis Allen, starring Sinatra, Sterling Hayden

1955

Young at Heart, DIR. Gordon Douglas, starring Doris Day, Sinatra

Not as a Stranger, DIR. Stanley Kramer, starring Olivia de Havilland, Robert Mitchum, Sinatra, Gloria Grahame

The Tender Trap, DIR. Charles Walters, starring Sinatra, Debbie Reynolds, David Wayne, Celeste Holm

Guys and Dolls, DIR. Joseph L Mankiewicz, starring Marlon Brando, Jean Simmons, Sinatra, Vivian Blaine

The Man with the Golden Arm, DIR. Otto Preminger, starring Sinatra, Eleanor Parker, Kim Novak

1956

Meet Me in Las Vegas, DIR. Roy Rowland, starring Dan Dailey, Cyd Charisse; unbilled guest appearance by Sinatra

Johnny Concho, DIR. Don McGuire, starring Sinatra

High Society, DIR. Charles Walters, starring Bing Crosby, Grace Kelly, Sinatra

Around the World in 80 Days, DIR. Michael Anderson, starring David Niven; cameo by Sinatra

1957

The Pride and the Passion, DIR. Stanley Kramer, starring Cary Grant, Sophia Loren, Sinatra

The Joker is Wild, DIR. Charles Vidor, starring Sinatra, Mitzi Gaynor

Pal Joey, DIR. George Sidney, starring Rita Hayworth, Sinatra, Kim Novak

Oben: Drei Matrosen auf Landgang in *On the Town*. Der Film spielt in New York City und wurde auch dort gedreht.

1958

Kings Go Forth, DIR. Delmer Daves, starring Sinatra, Tony Curtis, Natalie Wood

Some Came Running, DIR. Vincente Minnelli, starring Sinatra, Dean Martin, Shirley MacLaine

1959

A Hole in the Head, DIR. Frank Capra, starring Sinatra, Edward G Robinson

Never So Few, DIR. John Sturges, starring Sinatra, Gina Lollobrigida, Peter Lawford, Steve McQueen

Links: Bing Crosby, Grace Kelly, Sinatra und Celeste Holm in *High Society*. Obwohl es nicht so aussieht, kriegt Crosby die Kelly.

Oben: Filmplakat für *Guys and Dolls*

1960

Can Can, DIR. Walter Lang, starring Sinatra, Shirley MacLaine, Maurice Chevalier, Louis Jourdan

Ocean's Eleven, DIR. Lewis Milestone, starring Sinatra, Dean Martin, Sammy Davis Jr, Peter Lawford, Angie Dickinson

Pepe, DIR. George Sidney; Sinatra plays himself

1961

The Devil at Four o'Clock, DIR. Mervyn Le Roy, starring Spencer Tracy, Sinatra

1962

Sergeants Three, DIR. John Sturges, starring Sinatra, Dean Martin, Sammy Davis Jr, Peter Lawford, Joey Bishop

The Road to Hong Kong, DIR. Norman Panama, starring Bing Crosby, Bob Hope, Dorothy Lamour; unbilled guest appearance by Sinatra

The Manchurian Candidate, DIR. John Frankenheimer, starring Sinatra, Laurence Harvey, Janet Leigh

1963

Come Blow Your Horn, DIR. Bud Yorkin, starring Sinatra, Lee J Cobb

The List of Adrian Messenger, DIR. John Juston, starring George C Scott, Dana Winter, cameo by Sinatra

1964

Four for Texas, DIR. Robert Aldrich, starring Sinatra, Dean Martin, Anita Ekberg, Ursula Andress

Robin and the Seven Hoods, DIR. Gordon Douglas, starring Sinatra, Dean Martin, Sammy Davis Jr, cameo by Bing Crosby

1965

None but the Brave, DIR. Sinatra, starring Sinatra

Von Ryan's Express, DIR. Mark Robson, starring Sinatra, Trevor Howard

Marriage on the Rocks, DIR. Jack Donohue, starring Sinatra, Deborah Kerr, Dean Martin

Rechts: Sinatra, die dekorativ gekleidete Shirly MacLaine und der vollendet elegante Maurice Chevalier im frivolen Leichtgewicht *Can-Can.*

Rechts außen: Sinatra als reumütiger Sträfling in *The Devil at Four O'Clock.* Co-Star war Spencer Tracy.

Links: Als Colonel Ryan in *Von Ryan's Express*

1966
Cast a Giant Shadow, DIR. Melville Shavelson, starring Kirk Douglas, cameo by Sinatra
The Oscar, DIR. Russell Rouse, cameo by Sinatra
Assault on a Queen, DIR. Jack Donohue, starring Sinatra, Virna Lisi

1967
The Naked Runner, DIR. Sidney L Furie, starring Sinatra
Tony Rome, DIR. Gordon Douglas, starring Sinatra, Jill St John

1968
The Detective, DIR. Gordon Douglas, starring Sinatra, Lee Remick
Lady in Cement, DIR. Gordon Douglas, starring Sinatra, Raquel Welch

1970
Dirty Dingus Magee, DIR. Burt Kennedy, starring Sinatra, George Kennedy

1974
That's Entertainment, DIR. Jack Haley, narrated by Sinatra among others

1976
That's Entertainment Part Two, DIR. Gene Kelly, introduced by Sinatra among others

1977
Contract on Cherry Street, DIR. William A Grahame (made for television)

1980
The First Deadly Sin, DIR. Brian Hutton, starring Sinatra, Faye Dunaway

1983
Cannonball Run II, DIR. Hal Needham, starring Burt Reynolds, Dean Martin, Sammy Davis Jr, Telly Savalas, Shirley MacLaine, cameo by Sinatra

Links: „Auf dem Highway ist die Hölle los": *Cannonball II* wurde als ein geistloser Aufguß des ersten Cannonball-Films abgetan. „Cannonball" heißt ein illegales Autorennen quer durch die USA, nach dem Urteil der *New York Times* nichts weiter als Wichtigtuerei. Immerhin vereinte der Film nochmals den Sinatra Clan mit Dean Martin, Sammy Davis Jr. und Shirley MacLaine.

Index

Danksagung

Der Verleger dankt Martin Bristow für den Entwurf des Buches,Helen, Dawson für die Zusammenstellung des Index, Jessica Orebi Gann für die Redaktion und Sara Dunphy für die Bildrecherchen. Die Illustrationen lieferten folgende Bildagenturen und Archive:

Bettman Archive: S. 1, 4, 6, 7, 8, 9, 12/13, 14, 15, 16, 17, 41 (oben), 35 (unten), 36 (unten), 48 (unten), 52 (unten)
British Film Institute: S. 34 (oben), 58 (oben), 61 (oben), 62 (oben)
Brompton Photo Library: S. 2, 5, 10, 11 (unten), 20 (oben), 21, 22, 25, 32, 33 (unten), 37, 39, 40 (unten), 41, 50 (oben), 51, 58, 60, 62, 63 (beide)
Springer Bettman Film Archive: S. 19, 29 (oben), 32 (unten), 44, 49
UPI/Bettman Newsphotos: S.20 (unten), 23, 24 (beide), 26 (beide), 27, 28, 29 (unten), 30, 31 (unten), 34 (unten), 35 (oben), 36 (oben), 40 (oben), 42, 43, 45 (beide), 46, 48 (unten), 53, 54, 55, 56, 57, 59 (beide), 62 (unten rechts).